外国音乐家
十九至二十世纪

郎樱 著

中国少年儿童新闻出版总社
中国少年儿童出版社
北京

郎樱，1941年4月出生，现任中国社科院荣誉学部委员，民族文学所研究员。2013年荣获中国文联山花奖终生成就奖。

图书在版编目（CIP）数据

外国音乐家.十九至二十世纪/郎樱著.--北京：中国少年儿童出版社，2024.1
（百角文库）
ISBN 978-7-5148-8403-6

Ⅰ.①外… Ⅱ.①郎… Ⅲ.①音乐家-生平事迹-世界-现代-青少年读物 Ⅳ.① K815.76-49

中国国家版本馆CIP数据核字（2023）第244997号

**WAIGUO YINYUEJIA
SHIJIU ZHI ERSHI SHIJI**
（百角文库）

出版发行：中国少年儿童新闻出版总社 中国少年儿童出版社

执行出版人：马兴民

丛书策划：马兴民 缪 惟	美术编辑：徐经纬
丛书统筹：何强伟 李 橦	装帧设计：徐经纬
责任编辑：安今金	标识设计：曹 凝
责任校对：夏明媛	封面图：赵墨染
责任印务：厉 静	

社　　址：北京市朝阳区建国门外大街丙12号	邮政编码：100022
编 辑 部：010-57526691	总 编 室：010-57526070
发 行 部：010-57526568	官方网址：www.ccppg.cn

印刷：河北宝昌佳彩印刷有限公司

开本：787mm×1130mm 1/32	印张：3.125
版次：2024年1月第1版	印次：2024年1月第1次印刷
字数：35千字	印数：1-5000册
ISBN 978-7-5148-8403-6	定价：12.00元

图书出版质量投诉电话：010-57526069　　电子邮箱：cbzlts@ccppg.com.cn

序

提供高品质的读物，服务中国少年儿童健康成长，始终是中国少年儿童出版社牢牢坚守的初心使命。当前，少年儿童的阅读环境和条件发生了重大变化。新中国成立以来，很长一个时期所存在的少年儿童"没书看""有钱买不到书"的矛盾已经彻底解决，作为出版的重要细分领域，少儿出版的种类、数量、质量得到了极大提升，每年以万计数的出版物令人目不暇接。中少人一直在思考，如何帮助少年儿童解决有限课外阅读时间里的选择烦恼？能否打造出一套对少年儿童健康成长具有基础性价值的书系？基于此，"百角文库"应运而生。

多角度，是"百角文库"的基本定位。习近平总书记在北京育英学校考察时指出，教育的根本任务是立德树人，培养德智体美劳全面发展的社会主义建设者和接班人，并强调，学生的理想信念、道德品质、知识智力、身体和心理素质等各方面的培养缺一不可。这套丛书从100种起步，涵盖文学、科普、历史、人文等内容，涉及少年儿童健康成长的全部关键领域。面向未来，这个书系还是开放的，将根据读者需求不断丰富完善内容结构。在文本的选择上，我们充分挖掘社内"沉睡的""高品质的""经过读者检验的"出版资源，保证权威性、准确性，力争高水平的出版呈现。

通识读本，是"百角文库"的主打方向。相对前沿领域，一些应知应会知识，以及建立在这个基础上的基本素养，在少年儿童成长的过程中仍然具有不可或缺的价值。这套丛书根据少年儿童的阅读习惯、认知特点、接受方式等，通俗化地讲述相关知识，不以培养"小专家""小行家"为出版追求，而是把激发少年儿童的兴趣、养成正确的思考方法作为重要目标。《畅游数学花园》《有趣的动物语言》《好大的地球》《看得懂的宇宙》……从这些图书的名字中，我们可以直接感受到这套丛书的表达主旨。我想，无论是做人、做事、做学问，这套书都会为少年儿童的成长打下坚实的底色。

中少人还有一个梦——让中国大地上每个少年儿童都能读得上、读得起优质的图书。所以，在当前激烈的市场环境下，我们依然坚持低价位。

衷心祝愿"百角文库"得到少年儿童的喜爱，成为案头必备书，也热切期盼将来会有越来越多的人说"我是读着'百角文库'长大的"。

是为序。

马兴民

2023年12月

目 录

1　意大利歌剧之王　威尔第［意］1813—1901

15　圆舞曲之王　约翰·施特劳斯［奥地利］1825—1899

27　浪漫主义作曲家　勃拉姆斯［德］1833—1897

45　俄罗斯音乐之魂　柴可夫斯基［俄］1840—1893

58　捷克民族音乐之父　德沃夏克［捷克］1841—1904

70　俄罗斯音乐教育家　里姆斯基-科萨科夫［俄］1844—1908

84　印象主义音乐鼻祖　德彪西［法］1862—1918

意大利歌剧之王
威尔第 [意]
1813—1901

一八一三年,威尔第出生在意大利北部布塞托城附近的一个村子里。他父亲在村里开了一所小旅店,兼卖些食品。他父母都不懂音乐,但家里的旅店经常住着一些卖艺的民间乐师。威尔第很喜欢看他们练习,听他们演奏。时间久了,他也渐渐对音乐产生了兴趣。

威尔第十岁那年,父亲送他到布赛托城去上学。休息日时,他会到处转转。一次,他在一座小楼前,听到了一阵阵优美、动人的琴声,他被琴声吸引,直到琴声止住,他才离去。从那以后,每到休息日,他就到小楼前听琴。一次,当威尔第正聚精会神地欣赏那悦耳的琴声时，从楼房里走出一位中年男子，问他："你是谁家的孩子？为什么经常站在这儿发愣？"威尔第被吓了一跳，不好意思地说："我是来听琴的，这琴弹得真好。"听了威尔第的回答，这位中年男子高兴地告诉他，弹琴的人是他女儿。他还热情地邀请威尔第到家里做客。从此，威尔第就成了这里的常客。

这位中年男子名叫安东尼奥·巴勒吉，是布赛托一个食品店的老板，同时还是布赛托音乐协会的会长。他发现威尔第颇有音乐才华，并且踏实刻苦，决心帮助威尔第学习音乐。

威尔第十九岁时，安东尼奥·巴勒吉建议他报考米兰音乐学院。米兰是意大利的音乐中心，威尔第非常向往那里。他参加了米兰音乐学院的考试，但遗憾的是，他没有被录取。

安东尼奥·巴勒吉不想威尔第的才华被埋

没，他重金聘请音乐教师，让威尔第留在米兰继续深造。安东尼奥·巴勒吉是威尔第的"伯乐"，威尔第一直称他是自己的恩人。

在安东尼奥·巴勒吉的资助下，威尔第在米兰专攻了三年作曲。他知道学习机会来之不易，倍加刻苦、发奋，音乐修养有了很大提高。一次，他去看米兰音乐协会排练音乐大师海顿的清唱剧《创世纪》，正好赶上负责排练的老师不能来。音乐协会的领导曾听威尔第的老师多次夸赞过他，便把威尔第请到了台上。参与排练的人对面容消瘦、衣着破旧的威尔第嗤之以鼻，他们不相信一个乡下佬能够弹奏复杂的《创世纪》。但威尔第不但沉着自如地开始了弹奏，还不时挥起右手指挥合唱队。他那潇洒浑朴的风度、精湛熟练的技巧，震惊了所有人。

结束了在米兰的三年深造，威尔第重返布

赛托，并担任了布塞托音乐学校校长之职。同时，他还担任布赛托音乐协会的指挥和教堂的管风琴手。有了固定的收入，生活也安定下来，第二年，他和安东尼奥·巴勒吉的女儿结了婚。恩人安东尼奥·巴勒吉又成为他的岳父。

然而，威尔第并没有安于现状。他开始尝试创作歌剧。他创作的第一部歌剧就被米兰歌剧院相中了，这次成功使威尔第受到了极大鼓舞。为了投身歌剧创作，他带着妻子儿女迁居米兰。米兰歌剧院和他签订合同，委托他创作一部喜歌剧。但令人没想到的是，来到米兰不久，他的儿女就先后夭折，妻子也因为大脑炎离开了人世。在短时间内，接连失去了三个亲人，威尔第陷入了深深的痛苦之中。可是，与歌剧院签订的合同摆在那里，他只得咬紧牙关写了一部喜歌剧《一旦为王》。在那样悲痛欲绝的心境中,怎么能写好喜歌剧呢!《一旦为王》失败了。家庭的不幸、艺术上的失败使威尔第既痛苦又灰心,他发誓决不再提笔作曲了。

第二年,米兰歌剧院给他送来了一个叫《纳布科》的歌剧脚本,请威尔第把它谱成歌剧。仍沉浸在悲痛之中的威尔第,根本没心思作曲。但剧本中的一句诗"飞吧,思想!乘着金色的翅膀!"让他拿起了搁置一年多的笔和五线谱纸。这是为什么呢?

威尔第出生时,他的家乡就被拿破仑的军队占领着。拿破仑失败后,他的家乡又沦为奥地利的殖民地。祖国的人民长期遭受外国侵略者的践踏。他对外国侵略者充满了仇恨。《纳布科》讲的是古巴比伦的国王纳布科率领军队侵占了耶路撒冷,把住在那里的犹太人赶出了家园。犹太人不甘被奴役,怀揣着对家乡的思念、对祖国的怀恋,奋起反抗,最终得返家园,获得自由。正是剧本中这种强烈的爱国主义情感深深打动了威尔第,他把对祖国深厚的感情和对侵略者强烈的仇恨全部倾注到这部歌剧的音乐创作之中。

一八四二年三月九日,《纳布科》在米兰斯卡拉剧院首演。它以激动人心的爱国主义情感轰动了米兰市,轰动了意大利。由于这部歌剧的成功,威尔第从一个默默无闻的青年音乐工作者一跃成为闻名意大利的歌剧作曲家。

《纳布科》的成功使威尔第从痛苦中振奋起来,他忘我地投身于歌剧创作。他以饱满的爱国热情,在短短的几年中就连续写出《伦巴第人》《阿蒂拉》《列尼亚诺战役》等八部歌剧。这些歌剧大都含有民族矛盾和反抗侵略斗争方面的内容,因此,它们在遭受着异族侵略的意大利人民中间引起了强烈反响。

威尔第的歌剧之所以能激起人民群众这样强烈的爱国热情，是由威尔第的爱国、反侵略的立场所决定的。威尔第是一位爱国音乐家，他积极参加了驱赶侵略者、为实现祖国统一而进行的斗争，他结交了许多爱国志士，为祖国的统一到处奔走呼号。所以，当奥地利侵略者被赶出意大利国土，意大利实现了统一，成立第一届国会时，威尔第被推选为国会议员。

威尔第中期比较有代表性的作品是《弄臣》《假面舞会》和《茶花女》三部歌剧。

《弄臣》这部歌剧是根据法国大作家维克多·雨果写的戏剧《国王寻乐》改编的。雨果在这部戏剧中塑造了一个罪恶多端的国王形象。他专以玩弄女性为乐。而弄臣则是他的帮凶。但是，最后弄臣的女儿也落入国王的手中。

弄臣决心杀死国王以报私仇，没想到却误杀了自己的女儿。由于这部戏剧揭露了国王的放浪淫荡，触犯了统治阶级，在法国被禁演。威尔第把这部戏剧加以改编，谱成歌剧。为了使歌剧能通过意大利当局的审查，他把《国王寻乐》改名为《弄臣》，把故事发生的地点从法国改为意大利，剧中的国王降为公爵。虽然《弄臣》在揭露统治阶级的深度上不及雨果的原作，但是，它在一定程度上对统治阶级进行了无情的嘲讽和批判。

《假面舞会》是以瑞典王古斯塔夫三世被刺的事件作为题材而写成的。那波利的歌剧院排练此剧的时候，恰巧发生了意大利革命党人谋杀拿破仑三世的事件。那波利当局便对此剧下了禁演令。听到这个消息，人民群众拥上街道，示威游行，他们高呼"威尔第万岁"的口号抗议当局的禁演令。浩浩荡荡的示威游行队伍，让那波利当局胆战心惊，他们立刻做出了让步，答应只要把故事的发生地点从意大利的那波利改为美国的波士顿，歌剧就可以上演。尽管公演时歌剧做了修改，但是仍然引起很大反响。

《茶花女》是根据法国作家小仲马的同名戏剧改编的。这部歌剧描写了巴黎交际花薇奥莱塔悲惨的遭遇。薇奥莱塔是个漂亮的少女，不幸沦为上层社会的玩物。虽然她的身心受到摧残，但她不甘堕落，酷爱洁白的茶花，渴慕做一个像茶花一样洁白的女性，人们都叫她"茶花女"。一个偶然的机会，茶花女结识了资产阶级子弟阿尔弗莱德，并被他的真情打动，她放弃了巴黎的浮华生活，和阿尔弗莱德回到乡下生活。但是，阿尔弗莱德的父亲坚决反对他们在一起，他告诉茶花女，阿尔弗莱德会因为她而前途尽毁。茶花女忍痛，离开了阿尔弗莱德，返回巴黎重操旧业。不明真相的阿尔弗莱德，误会她贪财变心，在公开场合对她百般羞辱。委屈的茶花女，悲愤交加，致使肺病恶化。这时，阿尔弗莱德的父亲才把真相告诉了儿子。阿尔弗莱德后悔不已，回到茶花女身边寻求原谅。但此时茶花女已奄奄一息，最终死在了阿尔弗莱德的怀抱里。这部歌剧揭露了巴黎上流社会的淫荡、污秽，它向人们深刻地揭示出以阿尔弗莱德的父亲为代表的富豪绅士自私、凶残及虚伪的面目。歌剧里虽有不少饮酒欢歌的场景，但整部歌剧的音乐却给人以悲哀忧郁之感。《茶花女》已成为世界著名歌剧中的一部，经常在各国舞台上演。

威尔第晚年最有影响的歌剧是《阿依达》。

那时，埃及开罗要修建一座意大利歌剧院，埃及总督委托威尔第为这座剧院的落成写一部歌剧。当时，有位叫贝依的法国考古学家，讲了一个发生在古代埃及的故事，《阿依达》就是根据这个故事写成的。

阿依达原是埃塞俄比亚公主。战争中，她被埃及军队俘虏，沦为奴隶。她隐瞒了自己的身世，在皇宫里服侍埃及公主。阿依达与埃及公主同时爱上了年轻英俊的卫队长拉达米斯。而拉达米斯深爱着女奴阿依达。

那时，埃塞俄比亚人民为救回被埃及俘虏的国民，在国王的率领下举兵打进埃及。埃及国王命令卫队长拉达米斯去迎战。作为埃塞俄比亚的公主，阿依达盼望父亲获胜，但是又担心情人拉达米斯的命运。一个是父亲，一个是情人，一个是祖国，一个是敌国，阿依达痛苦万分。就在这时,拉达米斯凯旋,并俘虏了阿依达的父亲。为了嘉奖拉达米斯的战功,埃及国王决定把自己的女儿许配给他。然而,拉达米斯一心爱慕的是女奴阿依达。于是,他和阿依达约好在一个夜晚再见一面。阿依达的父亲了解到女儿内心的秘密,便让她从拉达米斯嘴里套出埃及人进攻埃塞俄比亚的道路。正当拉达米斯告诉阿依达哪条路上没有埃及军队埋伏的时候,埃及公主突然出现了。拉达米斯见事情败露,立刻让阿依达和她父亲逃回祖国,自己则去投案自首。拉达米斯被判卖国罪,打入死牢。阿依达想到情人为自己所做的牺牲,深感不安,她又从逃亡的路上折回,提前在死牢里等着情人拉达米斯,准备与他一起等候死神的来临。

威尔第创作这部歌剧的时候已年近六十

岁，正是他艺术上成熟的时期。他赋予了这部歌剧的音乐以迷人的东方色彩，使它在意大利歌剧史上占有重要的地位。

一八七二年，米兰的斯卡拉大剧院上演了《阿依达》，威尔第亲任指挥。演出获得了极大的成功，盛况空前。演出结束，全场欢声雷动，威尔第出台谢幕三十二次。观众走上台来，献给他一支象牙指挥棒，此外还献给他一颗用金刚石制成的星星，上面用红宝石镶着"阿依达"几个字，并用各色宝石镶成威尔第的名字。

《命运之力》和《唐·卡罗》也是威尔第后期比较有名的作品。晚年，威尔第创作越来越成熟。在他的作品中，以改编自莎士比亚的同名悲剧《奥赛罗》与音乐喜剧《法尔斯塔夫》为最高峰。这两部歌剧音乐首尾连贯，一气呵成，与剧情紧密结合。声乐风格独特，是意大利歌剧发展中具有革新意义的杰作。除歌剧外，威尔第还创作了不少声乐曲，其中以纪念爱国诗人曼佐尼的《安魂曲》最为著名。尤其难能可贵的是，被评论家给予极高评价的《法尔斯塔夫》是威尔第在八十岁高龄时创作的。

威尔第的一生是艰苦奋斗、辛勤创作的一生。他一生创作了二十六部歌剧，其中一些已被列入世界著名歌剧之列，在各国上演。他为意大利的歌剧事业的发展作出了卓越贡献。为了表彰他的功勋，米兰市民募捐，在斯卡拉大剧院的前厅里建造起了威尔第的纪念塑像。

圆舞曲之王
约翰·施特劳斯 [奥地利]
1825—1899

一八四四年十月十六日的维也纳报纸上刊登了这样一条新颖、醒目的标题："晚安，老施特劳斯！早安，小施特劳斯！"

老施特劳斯和小施特劳斯是父子，他们都是奥地利著名的圆舞曲作曲家。虽说他们是父子，可他们相处得并不融洽。矛盾在哪儿呢？说来也简单，父亲执意不让儿子学音乐，可是儿子偏偏不肯听，非搞音乐不可。结果，父子之间发生了一些冲突。

老施特劳斯自己是音乐家，为什么不让儿子学音乐呢？这与老施特劳斯的经历是有关系的。老施特劳斯于十九世纪初出生在维也纳郊区。他出生不久，父亲就去世了。他的童年是在困苦的环境中度过的。十五岁那年，他就上街拉小提琴，靠卖艺为生。经过几年艰苦奋斗，总算组织起一个小乐队，他自己作曲，自己指挥，每天带上乐队到舞厅去演奏。舞会经常要到后半夜才结束，当他拖着疲惫的身躯回到家的时候，东方的天都已经发白了。他白天还要紧张地作曲、排练。每天都很繁忙、辛苦。

老施特劳斯最擅长写圆舞曲。圆舞曲也叫华尔兹，是舞曲中最流行的一种。圆舞曲一般都是四分之三拍的，节奏感强，情绪热烈欢快，旋律优美，很受群众喜爱。有的圆舞曲是在舞会上演奏用的，有的圆舞曲则是专供欣赏写的。老施特劳斯写了许多圆舞曲，其中《莱茵河女妖罗蕾莱》是比较有名的。

一八二五年，他的第一个儿子出世了。孩

子取名叫约翰·施特劳斯，和他父亲同名。人们为了加以区别，就称父亲为老施特劳斯，儿子为小施特劳斯。小施特劳斯后来又有了两个弟弟和一个妹妹。孩子多，负担重，加上乐队演出繁忙劳累，使得老施特劳斯生活得很辛苦。他认为生活这样艰辛就是由于他从事音乐工作的缘故。所以，他下定决心不准儿子再走这条路了。

但是，事与愿违，老施特劳斯的孩子们都喜爱音乐。尤其是大儿子约翰·施特劳斯更是一心想继承父业。父亲不让他学，他就背着父亲偷偷地学。老施特劳斯为了让儿子死掉这条心，就把他送到工业学校去读书，后来又让他当了银行的职员。但是，这样做并没有消减小施特劳斯对音乐的热爱。小施特劳斯的妈妈也在暗中帮助儿子，给他聘请音乐教师。

后来，由于家庭不和，老施特劳斯丢下妻子儿女另寻新欢去了。父亲的出走对小施特劳斯来说倒是件好事，他可以放心大胆、毫无顾忌地去学习音乐了。他跟父亲乐队的一名小提琴师学习拉小提琴，跟当地教会的唱诗班班长学习作曲理论。一八四四年，十九岁的小施特劳斯组织了一个十五人的乐队，决心和他父亲较量一番。

一八四四年十月十五日，十九岁的小施特劳斯带着自己的乐队在维也纳一流的德姆玛雅舞厅举行了首次演出。演出节目中有他父亲的作品，也有他自己创作的圆舞曲。首次公演就获得了预想不到的成功，欢呼声、鼓掌声、"再来一遍"的叫好声混合在一起，震撼着德姆玛雅舞厅。有的节目在听众一再热烈的要求下竟连续演奏了十九遍。小施特劳斯首次登台就使维也纳大为轰动。因此，在第二天的报纸上就以"晚安，老施特劳斯！早安，小施特劳斯！"为题报道了这次演出的盛况。

小施特劳斯的时代来到了。可是，老施特劳斯那时并没有衰退。他只有四十岁，依然年富力强，声望极高。他年轻的时候就像古代的游闲音乐者，弹着琴，跳着舞，到处游历。他的足迹遍及欧洲，名声传遍奥地利。德国作曲家、文学家瓦格纳称他为"民间精神的鬼才"。于是他们父子俩，一老一少，各自大显身手。施特劳斯对施特劳斯，父对子争夺"圆舞曲之王"的斗争，在音乐界闹了好几年。最后经过朋友们的劝解，父子之间的争斗方才告终。

这时，席卷欧洲的一八四八年大革命爆发了，维也纳也被这场革命风暴所震撼。在革命形势的鼓舞下，年轻的小施特劳斯热情洋溢地投身到革命的行列,他穿上国民自卫军的制服,和人民群众一起反对封建专制,要求实现资产阶级共和。为了鼓舞斗志,他曾满怀激情地创作了《自由之歌》《革命进行曲》《大学生进行曲》等进步音乐作品。后来,由于大资产阶级向封建势力妥协屈服,轰轰烈烈的革命转入低潮。小施特劳斯和当时一些资产阶级、小资产阶级知识分子一样,对革命前途失去了信心,革命热情也随之消失。

小施特劳斯二十四岁那年,老施特劳斯去世了。他接管了父亲的乐队,加上自己原来的乐队,他带领两个乐队,还要作曲、指挥,这副担子对一个二十几岁的年轻人来说是相当沉重的。但是,小施特劳斯竟应付得得心应手,有条不紊,显示出比他父亲更加卓越的才能。他创作的圆舞曲风靡维也纳,他本人也成了维也纳的一颗"音乐明星"。

小施特劳斯不仅在维也纳指挥演奏,他还率领着他的乐队走遍欧洲。法国人、英国人、意大利人、俄罗斯人都听过他指挥演奏的圆舞曲。他甚至还横跨大西洋到达过美国。他把维也纳圆舞曲传到世界各国。他自己也成为享有世界声誉的音乐家。

为了专心致力于作曲,他把乐队交给了两个弟弟——约瑟夫·施特劳斯和爱德华·施特劳斯。尽管老施特劳斯竭力反对自己的儿子学音乐,结果不但是三个儿子都成为圆舞曲作曲家,就是第三代——爱德华的儿子走的也是这条道路。

"时间"的裁判十分正确,在这个施特劳斯"圆舞曲家族"中,后人说起施特劳斯这姓氏,心中立刻想起的是《蓝色的多瑙河》《艺术家的生涯》《维也纳森林故事》《南国的玫瑰》《春之声》《皇帝圆舞曲》等名曲，这些正是小施特劳斯所作的。他一生创作了四百多首乐曲，绝大部分是舞曲和圆舞曲。

在这些圆舞曲中，流传最广、影响最大的是《蓝色的多瑙河》，这首曲子完成于一八六七年。它是应维也纳男声合唱团指挥赫尔柏克的要求而写的。小施特劳斯在匈牙利诗人卡尔·贝克一首诗的启示下，选定乐曲标题为《蓝色的多瑙河》，曲成后交威尔填词。现在的词是佛朗茨·盖尔涅特填的。《蓝色的多瑙河》首演时，是以男声合唱曲形式呈现的。以后演出时，有时为合唱曲，有时为管弦乐曲。

整个乐曲由三个部分组成：序奏、几首不同的小圆舞曲以及尾声。序曲一开始，轻微徐缓的乐曲就把人们带到微波起伏的多瑙河畔。

接着，第一、第二、第三、第四段圆舞曲的旋律自然、流畅地倾泻出来。"春天来了，大地在欢笑，蜜蜂嗡嗡叫，风吹动树梢多美妙。"美丽的春姑娘来到了多瑙河畔，来到了人间。你看她，头戴花冠，披着彩色的外套，白云像她的面纱在她头上飘飞，遍地鲜花在她脚下开放。美丽的春姑娘，蓝色的多瑙河，这诗意浓厚的美景，用轻快的、富于舞蹈节奏感的圆舞曲表现出来，使人情不自禁地想翩翩起舞。最后，音乐在华丽辉煌的音响中达到高潮，以简短的、热情奔放的尾声结束。

《蓝色的多瑙河》以它优美的旋律，清新、明朗的风格博得群众的喜爱。

圆舞曲音乐为什么会在维也纳获得这样大的发展？它又为什么能风靡维也纳？原因是多方面的。

首先,这与当时的奥地利形势是分不开的。在欧洲,奥地利是一个封建势力比较顽固的国家。首都维也纳是欧洲封建势力的集结中心。在一七八九年法国资产阶级大革命的影响下,当时的欧洲曾经出现过一个轰轰烈烈的大革命时期。人民群众觉醒,资产阶级兴盛,使得那些日暮途穷的封建统治者胆战心惊。俄、奥地利、普鲁士几个国家的封建君主在巴黎召开会议,结成了镇压革命运动的"神圣同盟"。奥地利的梅特涅政府充当了封建复辟的先锋,维也纳进入了反动的封建复辟黑暗年代。革命力量受到了围剿,贵族、大资产阶级感到高枕无忧了。他们尽情地消遣,尽情地享乐。享乐主义弥漫了维也纳。他们经常在自己豪华的宅邸宴请宾客,举行盛大的舞会。而轻松、欢快的圆舞曲正适合于这种宴餐舞会的需要。

另一方面，随着资产阶级在一切领域内挣脱封建专制的桎梏，音乐活动的中心也由宫廷移到剧院，音乐也从贵族豪门专享转而服务于人民群众。市民的音乐生活变得活跃起来。跳舞之风不仅在贵族富豪的宅邸，在市民群众中也盛行起来。有人形容维也纳跳舞之风到了"男忘持剑，女忘穿针"的地步。随着跳舞的盛行，圆舞曲音乐自然应运而生，迅速兴盛起来。

小施特劳斯的圆舞曲所以能流传得如此广泛，这与他的音乐风格和艺术成就也是有直接关系的。他所创作的圆舞曲描绘了奥地利的自然风光和维也纳普通市民的生活风貌。他很重视从奥地利各民族的民间歌舞音乐中去吸收营养。他的许多圆舞曲是取材于民间流行的舞曲，经过他的艺术加工，发展成为维也纳圆舞曲的。由于这些音乐植根于民间，所以听起来亲切动人，通俗易懂。加上小施特劳斯的艺术风格是清新、健美的，自然为群众喜闻乐见。

"圆舞曲之王"小施特劳斯活了七十四岁，于一八九九年离开人世。他的死讯传来，维也纳人民深为悲痛。送葬的队伍浩浩荡荡，十万人参加了他的送葬仪式。小施特劳斯虽然死去一百多年了，但是，他的圆舞曲至今仍在人民群众中广泛流传，给人们以美的享受。

浪漫主义作曲家
勃拉姆斯［德］
1833—1897

　　迪塞尔多夫是德国莱茵河畔一座安静而美丽的小城。一八五三年九月三十日，一位清秀、文雅的年轻人在漫游了德国之后来到这里。他看着手中的地址，来到一幢住宅前，那是音乐家舒曼的家。他在门前徘徊良久也没有敲门。这个年轻人就是后来的德国音乐家勃拉姆斯。

　　年轻的勃拉姆斯听了舒曼的音乐、读了舒曼的文章，崇敬之情油然而生，一种不可遏止的热情驱使他从外地前来拜访这位音乐家。既然来了，就一定要见他一面。勃拉姆斯鼓了鼓勇气，敲开了舒曼家的门。

　　舒曼的家庭充满了温暖、幸福的气氛。勃

拉姆斯受到了舒曼一家的热情接待。勃拉姆斯弹了几支自己的作品，听众只有舒曼和他的爱妻克拉拉。克拉拉是一位著名的女钢琴家，有很深的音乐造诣。在舒曼和克拉拉亲切目光的鼓励下，勃拉姆斯发挥得很好，弹得很出色。具有慧眼的舒曼一下便发现，他是个非凡的人才，很有发展前途。

　　舒曼不仅是一位著名的作曲家，也是一位卓著的音乐评论家。他在德国及欧洲音乐评论界都颇负盛名。由于身体原因，他已多年没有动笔写评论了。可是，听了勃拉姆斯的弹奏后，他抑制不住内心的激动，挥笔写了《新路》一文，发表在他创办的《新音乐杂志》上，热情地向人们介绍这位年轻的作曲家。文章发表以后，勃拉姆斯的名字像长了翅膀似的很快就传遍德国，他的作品也引起德国音乐界的注意。

舒曼还把勃拉姆斯介绍给他的老朋友——莱比锡出版商布赖特科普夫·黑特尔，让他支持这位前途无量的"年轻雄鹰"。在舒曼的力荐之下，这位出版商很快就出版了勃拉姆斯的两首钢琴奏鸣曲和一册歌曲集。

走进舒曼家门时，勃拉姆斯还是个无名小卒，但在短短的两个月后，他便名扬全国了。

许多人都说勃拉姆斯是幸运儿。可是，这位"幸运儿"的童年却不太幸运。

一八三三年，勃拉姆斯出生在德国汉堡的一座贫民窟里。他父亲原本是个在街头卖艺、在舞厅演奏的提琴手，后来，经过自己的努力和奋斗，在汉堡市管弦乐队谋得了一个提琴手的职位。勃拉姆斯的家里很穷，但是，音乐却使这个贫穷的家庭充满了生气和希望。受到父亲影响，勃拉姆斯从小就对音乐产生了兴趣。

尽管家里一贫如洗,他父亲仍然省吃俭用,为他聘请音乐教师。七岁的勃拉姆斯开始学习弹钢琴,他既有天赋,又肯下苦功夫练习,进步很快,十岁就举行了演奏会。

看到勃拉姆斯这样有出息,经济窘迫的父母又不惜重金聘请汉堡著名作曲家爱德华·马克森教儿子音乐。马克森热爱古典音乐,重视民歌。这两点都对勃拉姆斯产生了深刻的影响。

为生活所迫,十三岁的勃拉姆斯不得不外出挣钱补贴家用。他白天到富人家教孩子弹琴,晚上还要到酒吧、舞厅去弹琴伴奏。繁重的工作让小小年纪的勃拉姆斯疲惫不堪。但是,他仍以顽强的毅力,坚持学习音乐。在回忆这段日子时,勃拉姆斯曾说:"像我这样艰辛的经历是少有的。"

十六岁那年,勃拉姆斯决心摆脱这种境况,

立志要到音乐界去闯闯。经过多方努力,他在汉堡举行了两次独奏会。他演奏巴赫、贝多芬等音乐大师的作品,也演奏一些自己创作的乐曲。虽然演奏很出色,但在音乐大师云集的汉堡,这个贫民窟出身的少年并没有引起社会的注意。勃拉姆斯没有因此而气馁,反而更加勤奋努力地学习。他把仅有的一点钱都用来购买书籍,他还为自己准备了一个笔记本,一边阅读,一边摘录。他摘录了莎士比亚、歌德、席勒、贝多芬、舒曼等一百多位文学家、艺术家的语录,激励自己发奋。他把这个笔记本称作"青年探索者的宝库"。

贫困的生活、低微的社会地位,并没有使勃拉姆斯丧失对未来美好生活的憧憬和渴求。他相信未来是美好的,大多数人是善良的。他对生活所持的这种热情在他当时创作的钢琴奏鸣曲、弦乐三重奏曲、四重奏曲、歌曲中都有所体现。他对一八四八年席卷欧洲的大革命运动，寄予深刻的同情。比如，十六岁的勃拉姆斯在一首钢琴曲《俄罗斯的回忆》中，大胆地引用了匈牙利革命的颂歌《拉科西进行曲》的曲调，并以此压倒俄国国歌的旋律，表明了他对匈牙利人民革命的支持，也表明了他对镇压匈牙利革命的俄国反动当局的强烈抗议。

一八五三年是勃拉姆斯一生中具有重要转折意义的一年。这一年，勃拉姆斯结识了匈牙利小提琴师赖梅尼，并和他一起周游德国，举行旅行演出。同年四月，他们在汉诺威举行了演奏会。一个名叫约阿希姆的匈牙利小提琴家找到他们，并和他们成为无所不谈的好朋友。尤其是约阿希姆和勃拉姆斯一见如故，结下了深厚的友谊。当约阿希姆得知勃拉姆斯对舒曼特别崇敬，便建议他去见见舒曼，并给他写了一封介绍信。约阿希姆在给舒曼的信中赞扬勃拉姆斯"纯洁如钻石，温柔如白雪"。

勃拉姆斯手持约阿希姆的介绍信，拜访了舒曼。勃拉姆斯那充满热情和幻想的作品，让身体日渐衰弱的舒曼看到了希望，他期望这个年轻人能去完成自己未竟的事业。他竭尽全力帮助勃拉姆斯，为他开辟了成功之路。

正当勃拉姆斯踌躇满志地开辟新生活、致力于新创作的时候，突然接到恩师、挚友舒曼由于精神病发作，投入莱茵河的消息。这个消息对勃拉姆斯来说，犹如晴天霹雳。他想到舒曼对自己真挚的帮助，想到舒曼一家对他温暖的友情，他抛开手中的五线谱纸，火速赶往迪塞尔多夫。他要去照顾病中的舒曼，要去安慰舒曼的夫人克拉拉以及他们的孩子。

舒曼不稳定的状况，使他的夫人克拉拉陷入深深的痛苦之中。勃拉姆斯为了分担克拉拉的不幸，陪伴她散步，跟随她外出旅行。在那不幸的日子里，他与克拉拉结下了深厚的友谊。为了陪伴克拉拉，关照舒曼的孩子们，他在迪塞尔多夫整整住了两年，直到舒曼去世。

勃拉姆斯返回了故乡汉堡。几年前离开汉堡时，他还是个默默无闻的年轻人。返回家乡时，他在德国音乐界已小有名气。舒曼之死使勃拉姆斯一下子变得成熟起来。那时，一八四八年革命大风暴已经过去，资产阶级以强权控制着社会的各个领域。金钱主宰了一切。勃拉姆斯渐渐认识到，世界并不像他以前所想象的那样美好，他所追求、向往的平等、博爱、自由，在现实生活中已不复存在。他选择回到资产阶级大革命时代的"往昔"中去寻找自由和人道，回到古典大师的音乐中去继承他们的精神和风格。巴赫在对位法①上的严谨，贝多芬交响曲中的庄严与雄伟，都令他无限神往。他在汉堡潜心于作曲，力图把德国古典音乐文化与新的技巧结合起来。他本想以家乡汉堡为根据地施展他的音乐宏图。但是，有一件事严重地刺伤了勃拉姆斯的自尊心，致使他改变了原来的计划。

事情是这样的：汉堡爱乐交响乐队的指挥位子空缺，当局在物色人选。勃拉姆斯是汉堡人，曾担任过指挥，年轻有为，在德国音乐界又颇有些名气。无论是勃拉姆斯本人，还是汉堡音乐界的其他人士，都认为指挥的位置非勃拉姆斯莫属。但是，最后当局将指挥位置给了一位不擅长指挥的歌唱家。这伤透了勃拉姆斯

①对位法指多声部音乐的一种写作手法。

的心。正在这时，奥地利维也纳合唱协会聘请他去担任指挥。勃拉姆斯接受了聘请，毅然离开汉堡，踏上了去维也纳之路。

奥地利首都维也纳是欧洲著名的音乐之都。它被誉为音乐家的摇篮。莫扎特、贝多芬、舒伯特等欧洲著名音乐家都曾长期在这座城市生活。一八六二年，二十九岁的勃拉姆斯来到这座音乐之都，从此定居这里。

勃拉姆斯在维也纳的最初几年，是他一生中最幸福的时期。他创作的歌曲、重奏曲以及《爱情之歌圆舞曲》等作品，洋溢着强有力的、欢畅的和令人愉快的气息。

《德意志安魂曲》也是在这个时期完成的。自从舒曼去世后，勃拉姆斯就在构思一部安魂曲。一八六五年，他母亲去世了，在对母亲深切的悼念和哀思中，他于一八六六年完成了这首乐曲的总谱。这是一部由七个乐章组成，附有合唱的管弦乐曲。它优美、亲切、磅礴有力，使世人从失去亲人的悲痛中得到慰藉。《德意志安魂曲》于一八六八年四月在德国不来梅首演。勃拉姆斯的父亲、舒曼的夫人克拉拉、勃拉姆斯的挚友——匈牙利小提琴家约阿希姆夫妇以及勃拉姆斯的出版商等几十位亲朋好友，纷纷从德国各地赶到不来梅来参加这一乐曲的首演仪式。这次演出取得了巨大成功，接着，柏林、汉堡、莱比锡等德国各大城市争相演出《德意志安魂曲》。一年之内，《德意志安魂曲》在德国国内演出了二十多场。第二年，伦敦、巴黎等欧洲大城市也相继演出这首乐曲。三十五岁的勃拉姆斯以《德意志安魂曲》征服了欧洲。

四十三岁的勃拉姆斯在一八七六年完成了

他的第一部交响曲——《C小调第一交响曲》。这部交响曲于一八六二年着手创作，历时十四年才全部完成。交响曲的第一乐章一开始就充满沉重、紧张的情绪，接着进入富于战斗性的快板。战斗是坚毅的，搏斗激烈，具有英雄气概。第二乐章和第三乐章则富于梦幻般的抒情色彩，表现了勃拉姆斯对于美好未来的憧憬和期望。可是，搏斗的主题不时打断幻想，使人们从幻想的境界又回到严酷的现实斗争之中。直到第四乐章圆号的出现，云消雾散，显现出光明，音乐才变得明朗起来。圆号吹奏的是阿尔卑斯山牧人号角的音调。阿尔卑斯山的号角象征着自由、战斗的胜利。全曲的颂歌旋律结束。这首乐曲表现出勃拉姆斯通过奋斗、摆脱苦难、走向光明的哲理思想，体现了他坚持个人奋斗的人生观。同时，作品也包含着更深刻的社会内容。勃拉姆斯构思、创作这部交响曲的十四年，正是德国从分裂走向统一，德意志帝国创立的时期。在勃拉姆斯看来，德意志民族饱受几百年分裂之苦，终于战胜了各种苦难，走向统一。统一帝国的形成一定会在人民面前展现光明的前途。勃拉姆斯的民族意识在这部交响曲中得到了反映。这部交响曲是勃拉姆斯最重要的代表作。它在精神或在风格方面，都继承了贝多芬交响曲的传统。因此，有人把这部交响曲称作"贝多芬第十交响曲"。

勃拉姆斯在艺术上是高超的，然而他在政治方面，却有不少观点是糊涂的，甚至是荒谬的。狭隘的民族意识使他在德意志帝国创建后欣喜若狂，盲目乐观。他只看到了德国从分裂走向统一的一面，而没有看到德意志帝国形成时就已开始走向帝国主义，没有看到在俾斯麦的铁血政策下，人的尊严、民主和自由早已被践踏光。然而，作为音乐家的勃拉姆斯在艺术方面却又是十分敏锐的。他的后几部交响曲——《第二交响曲》《第三交响曲》《第四交响曲》，都表现出了不安的情绪。如《第三交响曲》，开始时，也是一个英雄性的主题，但是，它已不能坚持下去，更不能贯穿全曲了。结果，这首交响乐的第一乐章就出现好几种速度，几种性格，有英雄的，有抒情的，有悲哀的，有彷徨的，表现出勃拉姆斯心里的矛盾和情绪的不稳定。到了《第四交响曲》，不再是光明战胜黑暗，而是死亡战胜了生存。这四首交响曲在风格、情绪上的变化，与作者的思想变化是紧密联系着的。

勃拉姆斯一生只创作了四首交响曲，但这四首交响曲却使他跻身于欧洲音乐大师之列。

英国剑桥大学授予他名誉博士称号，奥地利皇帝授予他利奥波德勋章，曾经冷落过他的汉堡市，也积极、热情地推举他为汉堡市荣誉市民。勃拉姆斯六十岁那年，名声达到鼎盛。在迈宁根新建的音乐厅举行为期三天的音乐节中，演奏的曲目只有巴赫、贝多芬和勃拉姆斯三位音乐大师的作品。勃拉姆斯的肖像与巴赫、贝多芬的肖像并列悬挂在音乐厅。他创作的乐曲，脱稿后很快就能印刷出版，出版社按最高的标准付给他稿酬；他的每部作品，写出来后很快就能排练，经常由一流指挥家指挥演出。表面上看，勃拉姆斯的生活是幸福、宁静的，然而他的内心深处却风暴汹涌，忧郁、孤寂吞食着他的心。曾经给过他慰藉和欢乐的亲朋好友，陆续离开了人世。为了献身艺术，他一直没有结婚。到了暮年，孑然一身，十分凄凉。

勃拉姆斯在他一生中的最后十二年，又创作了二十四部作品。但是，其中没有交响曲，也没有管弦乐作品了，多是些歌曲、规模不大的合唱曲和一些室内乐①作品。由于勃拉姆斯对世界不再抱有希望，因此他也不可能再写出气势宏伟的大型音乐作品来了。他晚年的作品，多是内心痛苦的独白，曲调也较为伤感。

一八九六年五月，勃拉姆斯终身最崇敬、最热爱的好友——舒曼夫人克拉拉去世了。噩耗使勃拉姆斯陷入深深的悲痛之中。他匆匆起程从维也纳赶到法兰克福，在克拉拉的坟前洒下一抔新土。想起往昔的一切，他泪如泉涌。他与友人一起，在克拉拉的墓前演奏她生前喜

---

①室内乐原指在房间内演奏的"家庭式"音乐，后来也指在比较小的场所演奏的音乐。

爱的乐曲，把优美的音乐献给克拉拉的亡灵。

路途劳顿，加上过度悲伤，勃拉姆斯返回维也纳便病倒了。医生诊断他患了肝癌。克拉拉去世不到一年，六十四岁的勃拉姆斯也离开了人世。勃拉姆斯去世的消息震动了欧洲。各国代表纷纷拥向维也纳，为他送葬。勃拉姆斯的遗体被葬在维也纳中央墓地贝多芬和舒伯特的墓旁。为了表示对勃拉姆斯的哀悼之情，他的故乡汉堡港内停泊的船只均下半旗志哀。

勃拉姆斯是继贝多芬之后创作面最广的一位德国音乐家，他给人们留下了丰富的音乐财富。在他的作品中，交响曲、钢琴曲和艺术歌曲占有重要位置。他在交响曲创作上，力图继承贝多芬的精神和风格；他的钢琴曲难度比较大，内容具有一定的深度；在他创作的二百多首歌曲中，继承并发展了舒伯特、舒曼的德国歌曲的传统，旋律优美流畅，风格清新质朴。他走的是一条传统与革新相结合的道路，在艺术上具有鲜明的个性。勃拉姆斯音乐的另一个特色是与民间音乐密切联系。可以说，在十九世纪欧洲音乐家中，勃拉姆斯是吸收民间音乐成就最突出的一位。他非常喜爱民歌，一生搜集并改编出版了九十多首德国民歌。

勃拉姆斯的一生是通过个人奋斗取得成功的一生。他出身于贫民窟，没有进过音乐学院学习，通过顽强、勤奋的自学，在艺术上取得了卓著的成就，从贫民窟的穷孩子变成欧洲音乐大师。

俄罗斯音乐之魂
柴可夫斯基 [俄]
1840—1893

柴可夫斯基一八四〇年出生在俄国的佛特金斯克。他父亲是一位矿山工程师，母亲是一位能弹琴会唱歌的音乐爱好者。受母亲的影响，柴可夫斯基从小就喜爱音乐。但是，他小时候没有受过专门的音乐训练，不像莫扎特、李斯特那样自幼才华横溢，闻名于世。因为他父母一心一意要儿子学法律，当法官。柴可夫斯基十岁时就被送到圣彼得堡的法律学校去学习。毕业以后，柴可夫斯基还在司法部当过书记官。但是，柴可夫斯基一点也不满意父母为他选择的道路，他觉得书记官的工作无聊极了。他的兴趣在音乐上。二十二岁那年，柴可夫斯基辞去了司法部的职务，到新成立的圣彼得堡音乐学院去学习作曲。

音乐学院的院长、俄国著名作曲家安东·鲁宾斯坦亲自给柴可夫斯基上课。这位老师对学生要求严格得近乎苛刻，每次上完课都要留许多作业，让学生练习。有些是必做的，有些是选做的。但是，柴可夫斯基每次不但完成必做的作业，选做的作业也从来一题也不落掉。他认真、刻苦的学习态度给老师和同学们都留下了很深刻的印象。他在安东·鲁宾斯坦的教导下研修了五年。

一八六五年，柴可夫斯基以优异的成绩从圣彼得堡音乐学院毕业。那时，安东·鲁宾斯坦的弟弟尼古拉·鲁宾斯坦正在筹建莫斯科音乐学院。尼古拉·鲁宾斯也是一位非常有名望的音乐家。在他的邀请下，柴可夫斯基来到新创建的莫斯科音乐学院任教。

他一面教课,一面创作音乐。那时,俄国的贵族盲目崇拜西欧音乐,看不起本民族的音乐艺术。大歌剧院一个星期有五个晚上都在上演意大利歌剧。柴可夫斯基看到这种状况十分痛心,他决心用自己的音乐去表现俄国的人民,去表现俄国的现实。

柴可夫斯基在莫斯科音乐学院任教十三年。十三年中他创作了大量音乐作品。其中,在我国流传比较广的两部是:《第一弦乐四重奏曲》(一八七一年)和《天鹅湖》舞曲(一八七六年)。

一八六九年,柴可夫斯基住在他妹妹的庄园里。一天,他正在聚精会神地写一部管弦乐作品,忽然间从窗外飘来一阵旋律委婉动人的歌声,柴可夫斯基一下子就被迷住了。他放下手中的笔,向窗外一望,才发现是一位粉刷匠,一边干活一边在唱歌。柴可夫斯基站在窗前专注地听了很久,生怕漏掉一个音符。第二天,他就找到了那位粉刷匠,把那首民歌记录下来。后来,这首民歌的曲调就成了《第一弦乐四重奏曲》第二乐章《如歌的行板》的主题。柴可夫斯基创作的这首弦乐四重奏曲以俄罗斯的音乐为基础,具有鲜明的俄罗斯民族风格,所以深受人民群众的喜爱,并得以广泛流传。

《天鹅湖》舞曲是柴可夫斯基在一八七六年受莫斯科大剧院的委托为芭蕾舞剧《天鹅湖》创作的。这部芭蕾舞剧《天鹅湖》讲述的是,魔鬼施展妖术将少女变成了天鹅,而王子坚贞不渝的爱情使妖术破除,天鹅又恢复成美丽的少女。柴可夫斯基为这部芭蕾舞剧写的音乐异常流畅,迷人的旋律就像泉水般清澈、明丽。无论是温柔、优雅、凄切动人的《天鹅舞曲》，还是热烈奔放、轻盈诱人的《西班牙舞曲》《那不勒斯舞曲》，都给人以无限美好的享受。这些音乐是与作品内容和舞蹈动作密切联系着的，细腻的人物性格的刻画加深了这部芭蕾舞剧的戏剧性。柴可夫斯基写的舞曲使芭蕾舞剧《天鹅湖》大放异彩。除了《天鹅湖》外，《睡美人》《胡桃夹子》也是柴可夫斯基有名的芭蕾舞剧音乐。三部作品都突破了传统的芭蕾舞剧音乐程式，提高了音乐在表达剧情方面的作用，是近代芭蕾舞剧发展中的里程碑。

一八七六年，柴可夫斯基通过一位朋友的介绍认识了梅克夫人。与梅克夫人的结识对柴可夫斯基的一生来说是个很重要的事件，对他的音乐创作生涯也产生了很大影响。梅克夫人是一位富有的寡妇，她酷爱音乐，十分崇拜柴可夫斯基。她从一个朋友那里了解到柴可夫斯基的生活比较拮据，不能把全部精力投入到音乐创作上。梅克夫人决定每年资助柴可夫斯基六千卢布，让他专心致志地从事音乐创作。唯一的要求是：两人永不见面。梅克夫人和柴可夫斯基之间的友谊保持了十几年。在这十几年中，他们严格遵守诺言，几乎没见过面。即使在音乐会或社交场合偶然碰到，他们也像不相识的路人一样，连个招呼也不打就远远走开。他们虽然不见面，可是互相通信，他们在信中谈艺术，谈理想，互相鼓励，互相安慰，无所不谈，推心置腹。他们之间往来的书信有一千多封。

柴可夫斯基有了梅克夫人的经济支援，就辞去莫斯科音乐学院的教职，专心从事音乐创作。这是他一生创作力最旺盛的时代，接连创作出一批内容深刻、艺术水平高超的音乐作品来。其中最有代表性的作品就是歌剧《叶甫盖尼·奥涅金》。

《叶甫盖尼·奥涅金》是俄国大诗人普希金写的一部叙事长诗。男主人公奥涅金是十九世纪初俄国贵族青年的典型代表，他受过一些教育，但是很浅薄；他物质富足，精神却十分空虚。奥涅金过腻了繁华的都市生活，便来到了叔父的庄园生活。在那里他结识了地主家的女儿塔吉雅娜。塔吉雅娜对仪表堂堂、气度非凡的奥涅金一见倾心。她勇敢地给奥涅金写了一封长信，倾吐了对他的爱慕之情。但是，奥涅金对此不屑一顾。后来，奥涅金在决斗中杀死了好友连斯基，便离开了庄园。几年后，塔吉雅娜顺从母意嫁给了一位年老有钱的伯爵，跻身于圣彼得堡的上流社会。奥涅金从国外归来，在舞会上见到了光彩照人的塔吉雅娜。虚荣心驱使他连写几封情书追求塔吉雅娜。而塔吉雅娜却真诚地告诉他，这些年来她一直在爱着他，但现在她已嫁人，她要忠于丈夫。

普希金的这部长诗在俄国文学史上占有重要的地位，许多文艺批评家都对这部作品给予了极高的评价。

一八七八年，柴可夫斯基把普希金的这首长诗改编成歌剧。其中塔吉雅娜给奥涅金写情书时的唱段，以及与奥涅金决斗前连斯基唱的咏叹调都是十分出色、动人的。歌剧完成以后由莫斯科音乐学院的学生首次表演。彩排那天就大为轰动。莫斯科音乐学院院长尼古拉·鲁宾斯坦是个向来不肯轻易赞赏别人作品的音乐家，看了歌剧演出后，他连声赞美这部作品。俄国著名的作曲家、音乐家塔涅耶夫看了歌剧演出后，激动得流下了泪水。俄国的有名音乐家们也都从各地涌到莫斯科来，专程观看这部歌剧的演出。

柴可夫斯基是擅长写歌剧的。他一生写过十部歌剧，取材于普希金诗作的就有三部：《叶甫盖尼·奥涅金》《黑桃皇后》和《马捷帕》。其中，《黑桃皇后》与《叶甫盖尼·奥涅金》同为俄罗斯歌剧中的杰作。此外，他的钢琴协奏曲、小提琴协奏曲、重奏曲和独唱曲等也都很著名。

柴可夫斯基的晚年是在不平静的环境中度过的。十九世纪末，俄国已经像一个病入膏肓、苟延残喘的老人了。沙皇为了做最后的挣扎，对人民群众进行了最残酷最野蛮的镇压。柴可夫斯基对祖国的前途无限担忧，他曾在一封信中这样表达自己不安的情绪："……我心爱的，然而却是可悲的祖国,处在最黑暗的时期,所有的人都感到隐隐的不安,好像在即将爆发的火山上行走,都感到时局不稳。"

但是,柴可夫斯基毕竟不是政治家,更不是革命者,在这旧社会即将崩溃、新社会即将诞生的动荡年代里,由于阶级的局限,他看不到革命的前途。他曾幻想出现一个好沙皇来拯救俄国,但严酷的现实又使他的幻想破灭。再加上,在他逝世前三年,与他一直保持深厚友谊的梅克夫人突然终止了对他的经济资助,断绝了他们之间的友谊,给他带来了极大的精神打击。所以,晚年的柴可夫斯基一直非常忧郁。

柴可夫斯基晚年时,计划写一部以"生活"为标题的交响曲。但是,在黑暗的年代,柴可夫斯基苦苦思索生活,力图寻找生活的出路,但他找不到答案,以致陷入更深的苦闷之中。

他几次提笔又搁笔，写"生活交响曲"的计划久久没有实现。

一八九三年，柴可夫斯基决心要把这部酝酿了许久的交响曲写出来。他在旅途中开始打腹稿，这部未诞生的交响曲常常使他激动得大哭。他回到家后立刻以极大的热忱开始了这部交响曲的创作。不到四天工夫，他就完成了交响曲的第一章。他把多年郁积在心中的苦闷、惆怅和痛苦尽情地倾倒了出来，他把自己的心血以及整个灵魂都凝结在这部交响曲中。交响曲写成后，他反复修改，直到自己满意为止。这部交响曲就是闻名世界的《第六交响曲》，因为这部交响曲充满了悲怆的情绪，人们又称它为《悲怆交响曲》。

十九世纪下半叶的俄国是一座即将爆发的火山。一些进步的知识分子感受到地下的岩浆在冲腾，已经迎着革命的曙光在歌唱了。但是，大部分知识分子因为阶级的局限，即使意识到了沙皇俄国逃脱不了覆灭的命运，也看不到群众的力量，看不到革命的前途。他们没有革命的觉悟，也没有革命的意志。所以，他们痛苦、彷徨。他们在旧社会感到窒息，但是，他们又呼吸不到新社会清新的空气。柴可夫斯基在《第六交响曲》中以极其细腻的心理刻画手法描绘出了这些知识分子渴求自由幸福的意愿和痛苦不安的心情，具有一定的时代特点。《第六交响曲》是柴可夫斯基的代表作，在世界各国都很有影响。

《第六交响曲》是柴可夫斯基最后一部作品。就在这部交响曲首次公演的第四天，他因为喝了没有煮开的水而染上了霍乱，没过多久（一八九三年十月六日），柴可夫斯基便与世长辞了。他去世时才五十三岁。

柴可夫斯基是一位才能卓越的俄罗斯作曲家。他一生勤奋、努力，创作了许多优秀的作品。他的音乐作品，旋律清晰，形象鲜明，人物心理活动刻画得尤其深刻、细腻，抒情性很强。这些作品都具有很大的艺术魅力。在西欧音乐充斥俄国舞台、俄国贵族盲目崇拜外国音乐的情况下，柴可夫斯基能在自己的作品中吸收俄罗斯民歌的营养，努力在自己的作品中反映俄罗斯的社会现实，使自己的音乐具有俄罗斯民族风格，是难能可贵的。所以，音乐学者们一般都把柴可夫斯基列入民族乐派音乐家的行列。

捷克民族音乐之父
德沃夏克 [捷克]
1841—1904

十九世纪四十年代的捷克正遭受着奥地利的侵略和统治,捷克沦为奥地利的一个省。捷克人民既受到本民族统治者的盘剥,又受到奥地利侵略者的压迫,生活在苦难之中。

在捷克首都布拉格附近的一个村庄有一户穷苦的屠夫家庭,捷克音乐家德沃夏克就出生在这里。德沃夏克是长子,父亲希望他能子承父业,所以,当他刚满十三岁时,父亲就把他送到小镇上的一个屠户家去当学徒。

德沃夏克不喜欢杀猪宰羊,他喜爱音乐。他在小镇上认识了一位管风琴师。这位管风琴师很认可德沃夏克的音乐才华,就热情地教他弹管风琴、弹钢琴，还给他讲一些音乐知识。后来，这位管风琴师又苦口婆心地劝说德沃夏克的父母，把他送到了布拉格管风琴学校。

十六岁的他在学校学习期间，经济很困难，只好到咖啡店去当演奏员，以维持学习和生活。两年后，他以优异的成绩毕业，并在布拉格的一个乐团里谋了一个中提琴师的职位。捷克国家剧院建成后，他进入剧院的乐队，继续任中提琴师。他在这家剧院工作了十年。其间，一有空闲，他就借来一些音乐总谱，潜心研究各大音乐家的作品，虔诚又刻苦。

当时担任捷克国家剧院乐队指挥的是在捷克音乐界享有极高威望的音乐家斯美塔那。奥地利占领捷克以后，在捷克强制推行德语，遏制捷克民族文化的发展，企图以德奥文化取而代之。在这种情况下，斯美塔那挺身而出，高举起发展捷克民族音乐的旗帜,创作出了一批具有爱国主义思想和民族特点的音乐作品。德沃夏克非常崇拜斯美塔那,崇拜他的勇敢精神和爱国主义思想,更崇拜他创作的具有捷克民族色彩的音乐作品。斯美塔那的主张与实践对德沃夏克的创作道路产生了极为深刻的影响。

德沃夏克一面当中提琴师,一面埋头从事音乐创作。他尝试写各种体裁的音乐作品,他写大型的交响乐,也写短小的歌曲;他写宗教音乐弥撒曲,也写反映社会生活的歌剧。他勤奋地练习着,探索着,十几年如一日。他的第一部引人注目的作品是一八七三年由布拉格混声合唱团和管弦乐队演出的合唱曲《白山的子孙》。这部合唱曲描绘了十七世纪捷克人民反抗奥地利哈布斯堡王朝的统治,在白山与奥地利军队决战的悲壮场面。在合唱曲的前半部分，德沃夏克用深沉忧郁、动人心弦的曲调表达了对白山战役中牺牲的英雄们的悼念，也表现出捷克人民对于正在受难的祖国命运的担忧。后半部分的音乐渐渐变得昂扬起来，激动人心，鼓舞斗志，号召捷克人民为祖国的独立和自由而战。

当时捷克正遭受奥地利的侵略和统治，《白山的子孙》鼓舞了捷克人民的斗争精神，获得了极大的成功。它像野火一般蔓延到捷克各地。德沃夏克的名字也开始引起人们的注意。

接着，斯美塔那又在音乐会上指挥乐队演奏了德沃夏克的小夜曲《五月之夜》和他的《E大调第三交响曲》。德沃夏克这位勤奋好学、默默无闻的青年开始登上了捷克的乐坛。

德沃夏克三十岁那年辞去了中提琴师的职务，将全部精力投入音乐创作。他才思敏捷、灵感丰富、精力旺盛，作品一部接着一部问世。虽然他的不少作品在音乐会上演奏了，但是，由于没有机会出版，他一点儿报酬也拿不到。那时德沃夏克已经结婚并且有了孩子，生活上更加困难了。他只能靠到教会弹风琴和教学生的微薄收入度日。

正当他在贫困中挣扎的时候，传来一个喜讯：他得到了政府颁发给"贫寒的天才艺术家"的补助金。任何穷困的青年艺术家都可以申请这笔补助金，但是，能获准得到这笔补助是很难的。申请人要交上自己的作品，经审定委员会讨论，被认定为确实是天才的人才有资格获得。德沃夏克很荣幸，他连续五年都得到了这笔补助金。他可以不必再为生活而四处奔忙，能够集中精力从事音乐创作了。

然而，从德沃夏克一生来看，他与德国著

名作曲家勃拉姆斯的相识,比获得补助金更有意义。勃拉姆斯是补助金审定委员会的成员之一。他听了德沃夏克交来的音乐作品,立刻判断出德沃夏克是一位有潜力的青年音乐家。他给柏林一位名叫西姆洛克的出版商写信,热情地推荐德沃夏克的作品。他在信中写道,"毫无疑问,德沃夏克是一位卓越的天才,他的作品非常新奇动人。他现在很穷困,我请求你特别考虑一下,出版他的作品。"

西姆洛克是勃拉姆斯的好友,他所在的柏林出版社是一家具有世界影响的出版社。西姆洛克很信任勃拉姆斯,他听从了好友的建议,出版了德沃夏克的作品。德沃夏克的音乐作品通过柏林出版社传播到了世界各国,他的才华也引起了世界各国音乐家的注目。

这期间,德沃夏克认真研究了捷克的民族

音乐，努力探求这种音乐的精髓，力图闯出一条继承、发展民族音乐的道路。他写出许多既有民族风格又有鲜明个性的乐曲。其中流传较广、影响较大的是管弦乐曲《斯拉夫舞曲》(二集，共十六首)。在创作这部作品时，德沃夏克借鉴了捷克舞曲和一些斯拉夫舞曲。这些民间舞曲素材表面上看似乎简单，其实，它们的旋律优美，节奏鲜明，风格轻松、欢快，有丰富的想象力。经德沃夏克再创作的《斯拉夫舞曲》，把捷克舞曲的性格和内在精神表现得淋漓尽致，同时又具有德沃夏克的鲜明个性。这部作品现已成为世界著名音乐作品之一。

德沃夏克的作品，不但在捷克国内得到广泛的传播，德国、英国的乐队也把他的作品列入经常演奏的曲目中。英国人民对德沃夏克的音乐表现出极大的热忱，英国曾先后九次邀请他去访问,指挥演奏他的作品。这位黄面孔、黑眼睛、个子不高、心地善良的捷克音乐家,在英国受到了空前的欢迎。古老的剑桥大学还曾授予德沃夏克荣誉音乐博士。德沃夏克还应邀到德国、俄罗斯进行访问演出,并且都受到了当地人民真挚的欢迎。

虽然德沃夏克已享誉世界,但他始终保持着对祖国的热爱,并以捷克音乐家的身份而自豪。当人们赞誉他时,他总是谦逊地说:"虽然我现在已进入了伟大的世界音乐的圈子,但我永远只是一个朴实的捷克音乐家。"

一八九一年,德沃夏克成为著名的布拉格音乐学院的教授。但是,没过多久,美国纽约国家音乐学院又聘请他去担任院长。一八九二年,德沃夏克离开祖国起程赴美,开始了他音乐生涯中的另一个阶段。

德沃夏克一踏上美国的土地，就被印第安人音乐和黑人音乐吸引，并把这些新奇、生动的旋律和节奏都融入他的《新世界交响曲》中。这部交响曲表现出德沃夏克高超的技艺、精湛的作曲水平，在美国获得了极大的成功。直到现在，这部交响曲仍在世界各国的舞台上演。

在美国期间，德沃夏克一面积极从事音乐教育工作，一面勤奋刻苦地进行音乐创作。他写了不少作品，其中影响较大的，除《新世界交响曲》外，还有一首《F大调弦乐四重奏》。这首乐曲因吸收了黑人音乐的特色，对美国黑人寄予了很大同情，所以又名《黑人》。

德沃夏克在美国生活了三年。虽然纽约国家音乐学院以优厚的待遇再三挽留他，但是，他无法控制自己对祖国和故乡思念，于一八九五年，毅然返回捷克。

回到捷克以后，他被任命为布拉格音乐学院的院长。他有丰富的创作实践经验，又有渊博的学识，他在学生心目中享有极高的声望。他为祖国培养出了许多优秀的音乐人才。

德沃夏克创作的音乐大部分是无标题音乐。什么是无标题音乐呢？作曲家在作曲时只写上这首乐曲是什么调的，属于什么体裁，而不标明这首乐曲的内容，这样的音乐叫作无标题音乐。例如，德沃夏克为了感谢勃拉姆斯对他热心真挚的帮助，曾写了一首《d小调四重奏曲》献给勃拉姆斯。这首《d小调四重奏曲》就是无标题音乐，因为作曲家在这首音乐的标题中，只标明乐曲是d小调的，乐曲的体裁不是交响曲，不是钢琴曲，而是四重奏曲。但是，作曲家并没有标明这首乐曲描写的内容是什么，而让听众自己去理解，去体会。

到了晚年，德沃夏克转而又对标题音乐发生了兴趣，他特别热衷于歌剧创作。《水仙女》被认为是其中的佳作。《水仙女》取材于一个神话故事。水仙女是一位水神，她不顾水魔的劝阻，爱上了一个凡人——王子。她在全能的叶其巴巴的帮助下变成一位美丽的姑娘，来到人间寻求爱情。但是，她被王子欺骗，致使她在恢复水神原形时眉毛上留下了一个永久的伤痕。最后那变心的王子也遭到了毁灭。这是一个悲哀动人的故事。

德沃夏克对水仙女不幸的爱情寄予了深切的同情，为她设计了悲哀而深沉的音乐。为了增加这部歌剧的神话色彩，德沃夏克安排了三个山林女神的歌舞场面，并配上了欢快的舞曲。德沃夏克把美妙的旋律和丰富的音乐想象力完美地结合起来，使整部歌剧的音乐美妙而动人。

《水仙女》被认为是一部具有鲜明民族色彩的歌剧杰作。

正当德沃夏克的音乐艺术日趋完美，在国内外获得巨大荣誉时，他患了不治之症，并于一九〇四年在布拉格逝世，享年六十三岁。

德沃夏克的一生是顽强奋斗的一生。他出生在一个屠户家庭，没有良好的音乐环境。他没有进过音乐学院，没有受过系统的音乐教育。但是，他以惊人的毅力自学，在艰苦的创作实践中摸索探求，终于从一个穷孩子变成了世界著名作曲家。他在音乐事业上取得了辉煌的成就，为后人留下了一百多部音乐作品。他对捷克民族音乐以及欧美音乐的发展都作出了杰出的贡献。

俄罗斯音乐教育家
里姆斯基-科萨科夫［俄］
1844—1908

里姆斯基-科萨科夫一八四四年出生在俄国一座名叫齐赫文的小城镇里。他父亲是个贵族，曾当过省长，但因为擅自解放自己家的农奴，被沙皇政府免去了官职。里姆斯基-科萨科夫的母亲，喜欢唱俄罗斯民歌。她听过格林卡的歌剧《伊凡·苏萨宁》①，这部歌剧中引用了许多俄罗斯民歌风格的音乐，她经常在家里哼唱歌剧中的精彩片段。里姆斯基-科萨科夫从摇篮里就听着俄罗斯民歌的曲调，优美的俄罗斯音乐伴着他长大。

---

①格林卡，俄罗斯作曲家，他属于民族乐派。《伊凡·苏萨宁》是格林卡的代表作之一。

在当时，一般贵族家庭的孩子都要接受音乐教育，里姆斯基-科萨科夫很小就开始学习弹钢琴。里姆斯基-科萨科夫很喜欢音乐，音乐接受能力也很强。可是，最吸引他的却是无边无际的大海。他的叔父是帝国海军的一名将领。比他年长二十二岁的哥哥也在海军服役。哥哥从远东舰队寄来的信，更让他对游弋在大海上的军舰和波澜壮阔的大海心驰神往。

十二岁那年，他被送到圣彼得堡海军学校读书。可是，没过多久，他就发现音乐对他的吸引力在渐渐增强。他喜欢看歌剧，几乎每星期都要去一次歌剧院欣赏歌剧。当时圣彼得堡的军官们都醉心于意大利歌剧。可是，少年里姆斯基-科萨科夫却更喜爱俄罗斯音乐家创作的具有民族特点的民族歌剧。除了看歌剧，他还用功地练习弹钢琴。钢琴老师卡尼列很喜欢悟性高又刻苦的他,便更加卖力地教他弹钢琴,教他作曲,培养他的音乐鉴赏能力。

一八六一年,对十七岁的里姆斯基-科萨科夫来说,是不平凡的一年。那年十二月,他的音乐老师卡尼列带他来到音乐家巴拉基列夫家里。里姆斯基-科萨科夫觉得比他大几岁的巴拉基列夫谈吐不凡、目光敏锐,有理想有抱负,对巴拉基列夫崇拜得五体投地。巴拉基列夫也把他当作弟弟对待,教他作曲,鼓励他创作,还把他介绍给自己的朋友们。

里姆斯基-科萨科夫在巴拉基列夫家里认识了歌剧作曲家居伊、年轻有为的作曲家穆索尔斯基。他们都像巴拉基列夫一样,朝气蓬勃,有理想有追求。他们几乎都没有进过音乐学院学习,但是都勤奋好学。他们常常聚会,讨论发展俄罗斯民族音乐的问题,试奏每个人的新作品。然后，大家再对作品进行评论，提出修改意见。这个友爱的音乐创作小团体被称作"强力集团"。里姆斯基-科萨科夫惊喜地发现，他们和自己一样，都是格林卡的崇拜者。就这样，里姆斯基-科萨科夫成为"强力集团"中年龄最小的一名成员。

第二年春天，里姆斯基-科萨科夫从圣彼得堡海军学校毕业了。他被安排跟随"金刚石"号舰艇出国进行为期三年的巡航。他要离开这群新朋友了，感到心中无限惆怅，因为直到这时，他才清醒地发现，自己的梦想是成为音乐家，而不是水手。

里姆斯基-科萨科夫利用在船上的三年时间，读了许多书。他贪婪地阅读赫尔岑创办的进步刊物《钟声》，醉心于别林斯基、车尔尼雪夫斯基的民主主义文艺观。这三年，他到过英国、美国以及拉丁美洲的许多国家。三年的航海生活，充实了他的思想，开阔了他的眼界。海上变幻莫测、美丽动人的景色，也成为他以后音乐创作的宝贵素材。

一八六五年，里姆斯基-科萨科夫又回到以巴拉基列夫为首的充满友谊与温暖的"强力集团"。在他远航时，团体里又增加了一名新成员——鲍罗廷。鲍罗廷曾是军医，出国留学专攻化学，他在科学和音乐方面都有杰出的成就。

里姆斯基-科萨科夫创作的交响音画①《萨特阔》，使他一举成名。《萨特阔》的许多旋律来自俄罗斯民歌，十分优美。里姆斯基-科萨科夫用高超的音乐描绘技巧，把人们带入诗一般

---

①交响音画是一类叫"音画"的交响曲，以描写自然界及生活中的景物为主要内容，比较通俗易懂。

美妙的意境，在人们面前展现出色彩缤纷的海中幻境，是一部杰出的作品。接着，他又创作出歌剧《普斯科夫姑娘》，显示出里姆斯基-科萨科夫非凡的音乐才能及其独特的音乐风格。这位崭露头角的年轻音乐家引起了俄国音乐界的注意。

一八七一年，圣彼得堡音乐学院院长邀请里姆斯基-科萨科夫到音乐学院去教作曲。这让二十七岁的里姆斯基-科萨科夫很为难。因为他自己没有系统地学习过作曲法，又怎么去教别人呢！在朋友们的鼓励下，他思虑再三才去应聘。他穿着海军军官制服，登上了圣彼得圣堡音乐学院的讲坛。他一面学，一面教，用他自己的话来说："我滥竽充数地当了音乐学院教授，却很快变成了学院里的好学生之一——拿我在那儿获得的知识的质量来讲，我可能是最好的学生。"

通过顽强、刻苦的学习,他不仅胜任了工作,并最终成为全俄国最有权威的作曲法教授。他在圣彼得堡音乐学院任教三十七年,有一百多名作曲家、指挥家、音乐学者出自他的门下,他的学生遍布俄国各地。多年后,为了表彰他在音乐教育上的卓越贡献,俄国十月革命后将列宁格勒(圣彼得堡)音乐学院改名为圣彼得堡国立 H. A. 里姆斯基-科萨科夫音乐学院,并在学院的广场上为他树立起一尊纪念雕像。

里姆斯基-科萨科夫最辉煌的成就,仍然主要表现在他的作曲方面。

他将果戈理的中篇小说改编成了歌剧《五月之夜》,根据奥斯特洛夫斯基的同名戏剧创作了歌剧《雪姑娘》,根据诗人普希金的长诗写出了歌剧《萨尔丹沙皇的故事》。

歌剧《萨尔丹沙皇的故事》完成于一九〇〇年，被列为俄罗斯优秀的民间神话歌剧之一。歌剧阐明了善良必然战胜邪恶、正义必定战胜奸佞的真理，同时，歌剧还出色地描绘了大自然美丽的景色和神话中动人的幻影。著名的乐曲《野蜂飞舞》就出自这部歌剧。

管弦乐曲《西班牙随想曲》和交响组曲《舍赫拉查德》（又名《天方夜谭》）是里姆斯基-科萨科夫管弦乐作品中的杰作。

《西班牙随想曲》采用西班牙民间音乐的旋律，具有热情、明快的南欧风格。第四乐章中狂热的吉卜赛舞曲的节奏，更增加了这首乐曲的魅力。

交响组曲《舍赫拉查德》取材于阿拉伯民间故事《一千零一夜》。里姆斯基-科萨科夫以《一千零一夜》中个别情节和图景为题材，但在交响组曲中并不具体地表现《一千零一夜》中的某一个故事。如第一乐章是大海与辛巴德的船；第二乐章是卡伦德王子的故事；第三乐章是王子与公主；第四乐章是巴格达的节日与触礁沉没的海船。虽然组曲各乐章内容互不关联，但音乐却是完整、统一的。组曲音色丰富，旋律亲切、优美，具有浓郁的东方色彩。

里姆斯基-科萨科夫的作品具有鲜明的民族特色，深受人民群众的喜爱。他在俄国音乐界的威望也与日俱增。一八八五年，柴可夫斯基曾热情地推荐里姆斯基-科萨科夫出任莫斯科音乐学院院长，但为了专心从事音乐创作，他婉拒了柴可夫斯基的建议。

十九世纪末二十世纪初，濒于灭亡的沙皇政府对进步力量进行了空前残酷的镇压，许多民主主义者被流放。而新兴无产阶级的力量一天天壮大起来，他们与沙皇政府的矛盾日益激烈，一触即发。在这酝酿着革命风暴的时代，里姆斯基-科萨科夫的民主主义立场变得更加鲜明，更加坚定。从十九世纪九十年代开始，他的作品尽显锋芒，通过影射的手法，对腐朽的沙皇政府进行了无情的揭露和抨击。

完成于一九〇一年的歌剧《不死的卡谢伊》就是这方面的杰作。它取材于俄罗斯民间传说。卡谢伊是暴虐凶残的黑暗势力的化身。他得到长生不死之术，并将密术藏在他那铁石心肠的女儿的眼泪里，他确信从无怜悯之心的女儿一辈子不会落泪。一位美丽的公主被残暴的卡谢伊囚禁在黑暗王国。公主的未婚夫伊凡·克洛列维奇前去营救。勇士暴风雨把伊凡·克洛列维奇带到公主面前。他们纯洁忠贞的爱情使卡谢伊的女儿深受感动，热泪夺眶而出。卡谢伊的长生不死之术随着女儿的泪水消逝了，暴君死亡了。这时，幕后传出合唱声："凶恶的国王完蛋了！魔法的桎梏消除了！不死的卡谢伊死亡了！"勇士暴风雨对被囚禁在卡谢伊黑暗王国的人们说："走向自由吧！暴风雨为你们打开了大门！"光明战胜了黑暗，革命的勇士暴风雨解放了所有被黑暗势力囚禁的人们。

这部歌剧是里姆斯基-科萨科夫对即将来临的革命暴风雨的礼赞。它唱出了沙俄人民的心声，吹响了反抗沙皇统治的号角。

俄历一九〇五年一月九日，酝酿已久的俄国第一次资产阶级民主革命爆发了。沙皇政府枪杀彼得堡工人，激起群众的愤怒，工人阶级起义，年轻的学生走上街头。圣彼得堡音乐学院的学生也不例外，他们激情满怀，高唱着革命歌曲参与游行示威。胆小如鼠的院长闻风丧胆，立即召开紧急会议，决定让军警到学院里来镇压学生，并宣布封闭音乐学院。在这危急关头，里姆斯基-科萨科夫挺身而出，在音乐学院的会议上痛斥院长的反动行径，支持学生的革命行动，并呼吁让音乐学院从持反动立场的俄罗斯音乐协会解放出来。

反动当局恼羞成怒，他们说里姆斯基-科萨科夫是"学生运动的领袖"，三月底，学校便把包括他在内的一百多名进步师生开除了。里姆斯基-科萨科夫是一位受人尊敬的作曲家、有威望的教授，开除他的决定激起广大师生的强烈不满，为了表示声援与抗议，许多有名望的教授也纷纷提出辞职。圣彼得堡的学生们对里姆斯基-科萨科夫教授的被开除事件，反响尤为强烈。他们举行里姆斯基-科萨科夫作品专场音乐会，演出了歌剧《不死的卡谢伊》。

当演到暴君死了，勇士暴风雨把人们从黑暗王国解放出来的时候，台上台下群情激奋，"打倒暴君统治"的口号声震撼全场。学生跳上舞台发表慷慨激昂的演讲，台下的口号声不断。音乐会变成了政治示威。

在一九〇五年的革命运动中，里姆斯基-科萨科夫始终坚定地站在革命群众一边。他举行音乐会，为罢工的工人募捐；他把革命歌曲《木棒》谱写成带合唱的管弦乐曲，鼓舞坚持斗争的革命群众。一九〇六年到一九〇七年，他又创作出一部无情揭露沙皇昏庸残暴的歌剧《金鸡》。这部歌剧取材于普希金的一首同名讽刺性童话诗，讲的是一位昏庸的国王竟然相信一只金鸡能够预测国家的安危，最终导致自己惨死、国家惨败。歌剧将这位国王昏庸、狂妄、好色、慵懒的恶习，揭露得淋漓尽致，对暴君进行了无情的鞭笞和讽刺。但遗憾的是，因沙皇政府的百般刁难，里姆斯基-科萨科夫生前未能看到这部歌剧的公演。

艰苦的创作和沙皇政府的迫害，损害了里姆斯基-科萨科夫的健康。一九〇八年六月，他因突发性心脏病去世，享年六十四岁。里姆斯基-科萨科夫将他毕生的精力献给了音乐事业。他在创作中实践了"强力集团"的进步艺术主张，对发展俄罗斯民族音乐作出了杰出的贡献。

印象主义音乐鼻祖
德彪西［法］
1862—1918

二十世纪初，一位绅士在巴黎一家旅馆里暂住，准备稍后到海滨疗养。旅馆旁有一个管弦乐队练习厅，每天都有乐队按时来这里练习演奏同一首乐曲。那位绅士每次听到这首乐曲，他的眼前就浮现出波光闪烁的海面、海涛击岸、浪花飞溅的动人海景。过了几天，那位绅士到了海滨，面对着广阔的大海，他反而怀念起在巴黎旅馆中听到的用音乐表现出的大海了。那位绅士在旅馆听到的就是德彪西创作的交响组曲《大海》。

交响组曲《大海》是德彪西比较有名的作品，他的音乐才能在这首乐曲中得到了充分发挥。整个乐曲由三幅音画素描组成，第一幅《在海上，从黎明到中午》、第二幅《波浪的游戏》、第三幅《风和海的对话》。德彪西巧妙地运用音响描绘出大海上变幻多端的画面：海上静悄悄的黎明，旭日从海面冉冉升起，海面上波光粼粼；无穷无尽的浪花浮动翻滚，欢快活泼；突然间，风起浪飞，波涛汹涌，海风呼啸，仿佛来自远方的惊恐的呼号。这是德彪西印象派音乐的杰作。

法国作曲家德彪西一八六二年八月二十二日出生在巴黎的近郊。他的父母都不懂音乐。父亲一心希望他长大后能当船员。普法战争期间，七岁的德彪西跟随妈妈来到了地中海沿岸的戛纳躲避战火。德彪西经常跑到大海边欣赏那变幻多端的海景，地中海壮丽的景致在童年德彪西的脑海中留下了深刻的印象。无疑，这对他三十年后创作交响组曲《大海》是有影响的。德彪西在戛纳才第一次接触到音乐，他在那里跟随一位钢琴弹得很好的意大利人学琴。

回到巴黎后，即使没有老师教琴了，他也会每天都坐在钢琴前弹一些在戛纳学会的曲子。一天，诗人维尔列努的妻子莫德夫人听到了德彪西的琴声，发现他的音乐天赋，便去说服德彪西的父亲让他跟自己去学习音乐。莫德夫人是肖邦的女弟子，有很高的音乐修养，她免费教德彪西弹钢琴。在莫德夫人的教导下，德彪西的钢琴技巧有了很大提高，十一岁便顺利被巴黎音乐学院录取。

在巴黎音乐学院，德彪西学习刻苦，他对每门功课都认真对待。无论是钢琴、和声学或是视唱练耳，他的成绩都很优秀。他从小就表现出独创精神，不墨守成规，经常提出一些大胆的问题。所以，对一些保守的老学究来说，德彪西算不上是"正统"的好学生。

德彪西十七岁那年，认识了柴可夫斯基的资助人梅克夫人。梅克夫人是一位富有的寡妇，酷爱音乐，她手下有一个三重奏乐团，演奏各种古典音乐和柴可夫斯基的音乐作品。德彪西被她聘为三重奏乐团的钢琴师，兼任她家的钢琴教师。

德彪西曾跟随梅克夫人到威尼斯、维也纳、莫斯科音乐旅行。每到一个地方，他们都去听音乐会，和音乐家见面，这使德彪西大开眼界。尤其是在莫斯科听了莫索尔斯基、柴可夫斯基等人的作品以后，德彪西仿佛来到了一个不可思议的、新的音乐世界，这些丰富、新颖的俄罗斯音乐使他感到亲切、振奋。

从莫斯科回来以后，德彪西继续在巴黎音

乐学院学习。他进入了耶尔涅斯·格罗的作曲班。格罗老师见识多、思路广,很欣赏德彪西。他和德彪西亦师亦友,经常在一起畅谈到深夜,从美学、绘画谈到和声、作曲。在格罗老师的指导下,德彪西的作曲能力也有了很大提高。

一八八四年,德彪西创作的合唱曲《浪子》获得了罗马大奖。罗马大奖是法国政府设立的艺术奖,奖给有才华的美术家、建筑家和音乐家,获奖者可由政府派送到意大利首都罗马留学四年。一八八五年,二十三岁的德彪西赴罗马留学。意大利是欧洲著名的音乐之都,留学罗马,对当时的年轻音乐家来说,具有极大的吸引力!可是,德彪西到了罗马以后却感到很失望,他忍受不了罗马音乐学院严格苛刻的规章制度,他觉得自己的自由受到了限制,认为学院式的学习是在白白浪费时间,心里怏怏不乐。他在罗马只待了两年，留学期还未满，他就径自返回了巴黎。

十九世纪末的巴黎，思想界、文艺界都十分活跃，存在着各种思潮、各种流派。这对正在探索音乐新道路的德彪西来说是最理想不过的环境。当时，在巴黎最盛行的是文学上的象征主义流派和绘画上的印象主义流派。象征主义是由十九世纪末法国的三位诗人兰波、魏尔伦和马拉美提倡、发展起来的。他们反对在诗歌创作中的无意识感情流露和客观主义地描写现实，而主张通过有物质感的物象去表现人们微妙的思想意识。他们提出要把诗的语言解放出来，使之获得新的表现价值。印象主义是十九世纪末流行于法国的一个绘画艺术流派。一八七四年，有一群年轻的法国画家在巴黎举行了一个画展。因为画展中有一幅画叫作《日出·印象》,所以人们就把他们的绘画技法称作"印象主义",把这些画家称作"印象主义者"。这些画家不像以前的画家那样重视轮廓分明的实物,而是更侧重于表现一个物体所引起的视觉印象和物体周围的色彩、光线气氛等。在他们的画中,动态多于静态,他们用不断转换的线条和模糊多变的色调代替了清楚的轮廓和陈旧的色彩。他们以自己的主张和艺术实践对抗传统的绘画规则和手法。虽然象征主义、印象主义艺术思潮都产生于法国,但是,它们很快就传到欧洲各国,对欧洲的艺术界产生了很大影响。

德彪西从罗马回到巴黎以后,结识了象征派诗歌的倡导者马拉美,并成了他家的常客。他在马拉美家又结识了许多象征派诗人、印象派画家和雕塑家,这些人在巴黎都是很有影响的人物。这些艺术家们每星期二都聚集到马拉美家中，他们热烈地探讨文艺问题，抒发自己的艺术见解，展示自己的作品，思想非常活跃。

印象派画家的主张对德彪西有很大启示。他们反对学院派的保守，主张大胆革新，到大自然中去探索光与色的表现效果，他们的画作色彩明快，笔法简练。这一切正是德彪西在音乐上所向往和追求的。他决心闯出一条路子，用音乐去描绘事物的瞬间变化、大自然的一个景致，力求像印象派的画作一样，不追求实物清晰的轮廓，而着力表现色彩、光线所营造的气氛。

另外，一八八九年在巴黎举办的国际博览会对德彪西的创作道路也产生了很大影响。在博览会上，德彪西第一次接触到东方音乐。中国音乐、越南音乐以及印尼的爪哇音乐，引起了德彪西极大的兴趣。尤其是印尼的爪哇音乐——爪哇人跳着宗教性舞蹈，给舞者伴奏的乐队里除了一种二弦的提琴外，大都是铜锣、铙钹、鼓这类打击乐器。这些原始的、动作简单的舞蹈，这种旋律、节奏奇异的演奏，引起了德彪西的特别注意。这些东方音乐对德彪西以后的创作产生了很大影响。

德彪西的成名之作是一八九二年创作的管弦乐《牧神午后前奏曲》。这是根据象征派诗人马拉美的同名诗歌《牧神午后》创作的。

德彪西大胆地运用长笛、圆号、木管、竖琴等乐器，演奏出变化多端的优美旋律，为听众描绘出这样一幅画面：爱琴海边，太阳晒热的土地散发着浓郁的芳香，一群森林女神在沐浴。在中午的阳光下，牧神吹奏着迷人的牧笛，悄然走近森林女神，吓得她们惊叫着逃开。这首乐曲比较集中地反映了德彪西的音乐特色，被认为是德彪西的代表作品之一。

德彪西在这首乐曲首次上演的节目单中写道："这首前奏曲是为马拉美的优美诗歌所作的极为细致的解释。它自始至终与诗歌紧密联系在一起。"

《牧神午后前奏曲》的首次公演获得了意外的成功，博得了热烈的喝彩，指挥不得不应听众的要求而重奏一遍。评论界也对这首乐曲大加赞扬，各乐队争相演奏。诗人马拉美给德彪西的信中这样写道："你对《牧神午后》的解释不仅没有和我的文字相矛盾，相反，它以乡愁、惊人的敏感、幻想丰富超过了它。"

这一作品的发表，使德彪西以印象派作曲家的身份受到了音乐界的重视，许多年轻作曲家开始仿效德彪西的创作风格和方法。

印象派音乐是德彪西受了印象派画家的启迪而创作出来的,它与印象派绘画有着密切的关系。把一首乐曲比作一幅画来说,乐曲的旋律如同是画面中的线条,和声就是画面的光线和色彩。德彪西在创作这幅音画时,采用了印象派绘画的技法,十分重视音画的光线、色彩——和声,而不追求音画的线条——旋律的明晰轮廓。这种创作音画的手法很像画中国写意画的手法,着意于传神,而不追求表面的逼真。这种音乐中,动多于静,朦胧与闪烁代替了明朗。

十九世纪末,欧洲的浪漫派音乐在经历了发生、发展、鼎盛几个时期之后,逐渐开始走向衰退。在这种情况下,德彪西积极探索音乐发展的新道路,大胆实践,力图摆脱传统作曲法的束缚,创立出一种新型的、表现力更强的作曲法。从这个意义上说，德彪西创作的印象派音乐是创新的、具有革命性的。

但是，印象派音乐自形成出现之时起也有它的致命弱点，尽管德彪西主张音乐要反映现实，然而，他所反映的现实多是自然界的景物，题材的选择一般都离社会生活较远，缺乏思想内容的深度与广度。

继《牧神午后前奏曲》，德彪西又倾注了十年心血完成了歌剧《佩利亚斯和梅丽桑德》。接着，德彪西又陆续创作出交响组曲《大海》、钢琴曲《意像集》和《儿童乐园》等许多作品。这些作品各有特色，但都属印象派音乐。

德彪西晚期的作品开始趋向于现实社会生活。第一次世界大战爆发后，德彪西目睹了战争给人民带来的灾难，自己作词并谱曲创作了《流浪儿的圣诞歌》，表现出他对人民的同情，对战争的不满。这一时期他还创作了大型钢琴曲《英雄摇篮曲》《白与黑》等。这些作品与德彪西青壮年时期的作品相比较，印象派色彩减弱了，更多地显现出法兰西民族古典传统音乐的风格。

德彪西不仅从事音乐创作，也做音乐评论，他写了很多文章，阐述他的艺术思想，这些文章后来辑成《克罗士先生》一书。

一九一八年三月，第一次世界大战鏖战正酣，德国的炮火猛烈轰击着巴黎。在战火纷飞和隆隆炮声中，五十六岁的德彪西因病离世。

德彪西死了，但他的作品被介绍到世界各国，他的名字也被更多人熟知。德彪西是印象派音乐的奠基者。印象派音乐对二十世纪现代音乐具有重大的影响。因此，德彪西往往被人们称为二十世纪现代音乐的开创人物。